Ghost secret

La colère de François Ier

Couleurs : Christophe Araldi
Conception graphique : Valérie Gibert et Philippe Sedletzki

Hachette Livre, 43 quai de Grenelle, 75015 Paris.

Sophie Marvaud

Illustrations : Céline Papazian

Ghost secret

La colère de François Ier

hachette
JEUNESSE

Quelque part loin des routes, caché au cœur d'une forêt profonde, se trouve un château très vieux, immense et sombre, appelé :

le Château des Ombres.

Les héros

Cléo est toujours en pleine forme. Ce qu'elle préfère, c'est grimper aux arbres, nager, et courir à toute vitesse. Elle trouve la vie très intéressante et elle a toujours plein de questions à poser. Quelle chance que son meilleur ami, Balthazar, ait réponse à tout… ou presque !

Grodof, le chien de Cléo, est un bâtard aussi malin qu'un teckel, aussi rapide qu'un lévrier, aussi costaud qu'un rottweiler et aussi tendre qu'un labrador. Mais il est le seul chien au monde à avoir de longues oreilles pointues, enroulées sur elles-mêmes comme des tire-bouchons.

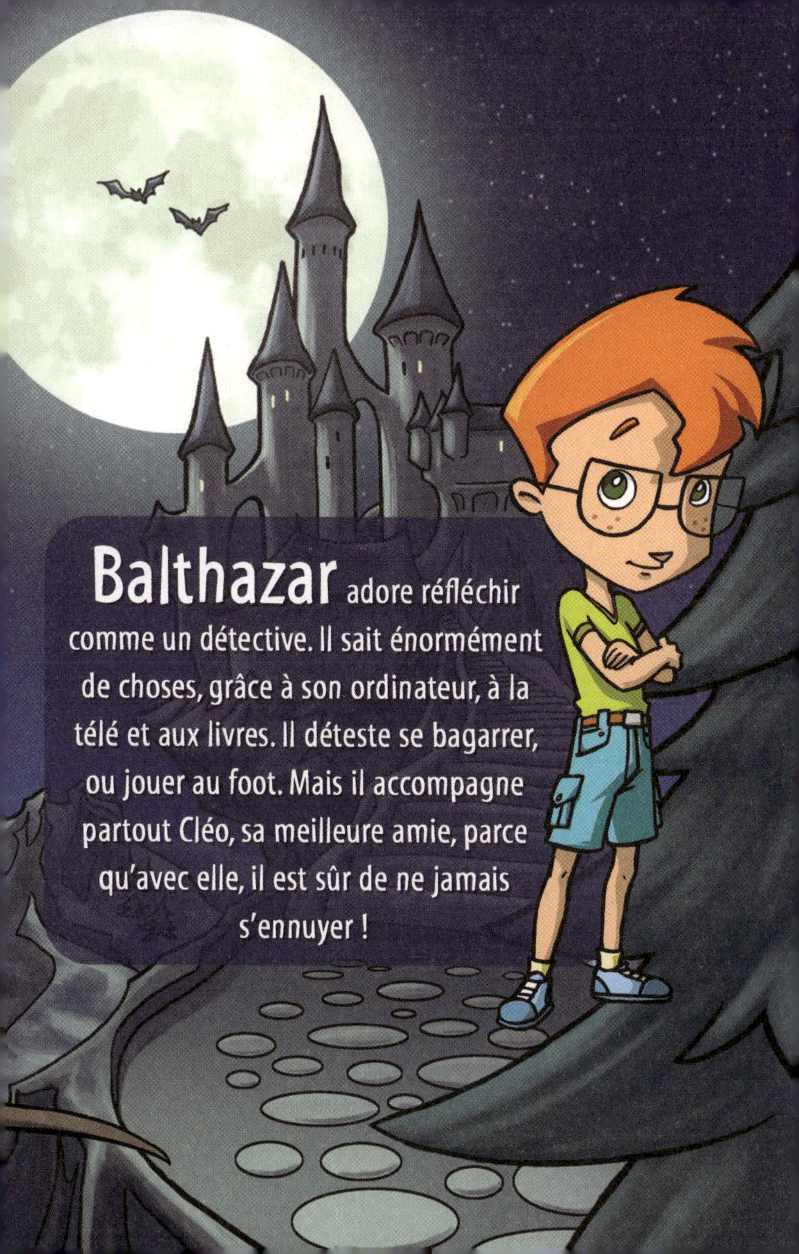

Balthazar adore réfléchir comme un détective. Il sait énormément de choses, grâce à son ordinateur, à la télé et aux livres. Il déteste se bagarrer, ou jouer au foot. Mais il accompagne partout Cléo, sa meilleure amie, parce qu'avec elle, il est sûr de ne jamais s'ennuyer !

Chaque soir, au douzième coup de minuit, dans le grand donjon de l'aile nord, apparaissent sept fantômes.

Les enfants attendent avec impatience ce moment magique.

Traînant leur lourd boulet au bout d'une chaîne, les sept fantômes traversent les murs en gémissant. Ils errent dans la salle des gardes, glaciale, et plus sombre que la nuit. En montant l'escalier en colimaçon, ils s'énervent contre le boulet qui les tire en arrière. Au cours de leur vie, ils ont fait une très, très grosse bêtise. Quand ils étaient vivants, cette bêtise les empêchait de dormir.

Maintenant qu'ils sont morts, son souvenir les empêche de s'envoler vers le Pays du Repos Souriant.

De toutes leurs forces,
ils espèrent que quelqu'un
viendra les délivrer…

Un jour, le dernier des sept fantômes dépose au bas de l'escalier **UN LIVRE TRÈS ANCIEN**.

Les enfants s'en approchent... Et ils sont transportés au cœur d'une incroyable aventure...

Chapitre 1

Les archers aux trousses

— Un livre très ancien ! s'exclame Balthazar.

Cléo déchiffre le titre, qui est vraiment très long : *Les horribles et épouvantables faits et prouesses du très renommé*

Pantagruel, Roi des Dipsodes, fils du Grand Géant Gargantua.

— Aidez-moi, s'il vous plaît… dit une voix douce.

Ils lèvent la tête. Le dernier fantôme de l'escalier est une petite fille qui se tient bien droite dans sa robe de satin, ornée de fils d'or et de perles. Ses cheveux blonds frisés sont retenus par une coiffe bordée de dentelles. Elle est très jolie !

— J'aimais beaucoup les livres imprimés par M. Cédille… Mais il a été jeté en prison. Et moi, la nièce

préférée du Roi, je n'ai pas pu le protéger !

— Ne t'inquiète pas, nous allons le sauver ! dit Balthazar, tout ému.

Il touche le livre, suivi de Cléo et Grodof. Les enfants et

leur chien disparaissent… et se retrouvent dans une chambre avec un lit à baldaquin couvert d'oreillers, un coffre, des tapisseries et une petite bibliothèque. Les livres qu'elle contient se ressemblent tous, avec leur reliure en cuir et de longs titres en lettres d'or.

Un feu brûle dans la cheminée de marbre, réchauffant deux fauteuils. Dans l'un d'eux, une petite fille rit toute seule en lisant les aventures de Pantagruel. Dans l'autre, une dame mince vêtue de noir ronfle doucement.

Soudain, une flèche vient se planter dans le coffre ! Plongée dans sa lecture, la petite fille ne s'en aperçoit pas. En se retournant vers la fenêtre, Cléo et Balthazar remarquent un grappin accroché au rebord.

— Qu'est-ce qui se passe ? demande Cléo, qui porte elle aussi une belle robe de satin et une coiffe.

— Aucune idée ! lui répond Balthazar, habillé d'une tunique de velours et d'une culotte bouffante en

soie. La seule chose que je sais, c'est que nous sommes à la Renaissance. Tu as vu ces grandes fenêtres ? Et la manière dont je suis habillé ? Je ne suis pas trop ridicule ?

— Mais non ! Tu es magnifique !

Grodof frétille de la queue, l'air de dire : « Et mon collier incrusté de pierres précieuses, vous l'avez remarqué ? »

À la fenêtre apparaissent deux mains, une tête ébouriffée, puis des épaules portant un baluchon.

Un jeune homme enjambe le rebord, tandis

qu'une deuxième flèche traverse la pièce ! Il tombe à genoux devant la petite fille qui, effrayée, laisse tomber son livre.

— Monsieur Cédille, que faites-vous là ?

— Les archers du Roi sont à mes trousses ! Dans dix minutes, ils seront dans cette pièce. Princesse Jeanne, vous êtes mon dernier espoir. Je

vous le jure, jamais je n'ai dit de mal du Roi !

— Je... je n'ai que six ans... balbutie la princesse. François Ier est mon oncle, et je dois lui obéir ! C'est Maman qui me l'a dit.

L'imprimeur met sa tête dans ses mains.

— Alors, je suis perdu !

— Vous devez l'aider, princesse Jeanne, s'écrie Balthazar. Sinon, vous allez le regretter toute votre vie !

— Les oncles n'ont pas toujours raison, affirme Cléo. Les rois non plus. Vite, cherchons une cachette !

Chapitre 2

Dangereux cache-cache

Devant la cheminée, la dame en noir ronfle toujours.

— Mme de Lafayette est ma gouvernante, explique Jeanne. Elle n'a que quarante ans mais elle est un peu sourde ! Si elle se réveillait, elle préviendrait les archers.

— Il faut aussi cacher mes livres ! s'affole l'imprimeur. Ils ont été interdits, mais ils sont très précieux…

— Ça, je m'en occupe, propose Balthazar.

Quant à Grodof, il dresse bien haut ses oreilles tire-bouchonnées, l'air de dire : « Moi, je fais le guet. »

— Monsieur Cédille, asseyez-vous, dit Cléo.

Elle lui désigne le fauteuil qu'occupait Jeanne. Avec des gestes délicats, elle retire le grand manteau de la

gouvernante endormie. Elle en enveloppe le corps du jeune homme.

— Comme ça, vous ressemblez à une dame très frileuse.

Ensuite, tout doucement, elle enlève la coiffe de la gouvernante et la pose sur la tête de l'imprimeur.

— Baissez la tête... Super ! On ne voit plus du tout votre visage.

Il croise les doigts sur son ventre et fait semblant de ronfler lui

aussi. Pendant ce temps, Balthazar ouvre le baluchon et étale devant lui les livres interdits : un traité de médecine, la Bible en français et plusieurs romans.

— Cacher des livres dans une bibliothèque, ça devrait être facile... Sauf qu'on va les remarquer au milieu des autres, ils sont tous reliés de la même façon !

Grodof se met à aboyer. Des gens courent dans l'escalier principal. Toute pâle, Jeanne s'appuie contre le mur comme si elle allait s'évanouir.

Balthazar attrape au hasard un livre relié de cuir et déchire l'intérieur qu'il jette par la fenêtre, pour le remplacer par un livre interdit.

— Cléo et Jeanne, faites comme moi !

En quelques minutes, les trois enfants réussissent à cacher de cette manière tous les ouvrages de l'imprimeur. Il était temps ! La porte s'ouvre.

Cinq archers impressionnants pénètrent dans la chambre, leurs arcs à la main.

— Clément Cédille, nous vous arrêtons ! Ordre du Roi !

Tournant la tête de tous côtés, les archers ne découvrent que la princesse et ses enfants d'honneur, un chien couché devant le feu, et deux vieilles dames endormies.

Furieux, ils secouent les rideaux du lit à baldaquin, font voler les oreillers, glissent leur arc sous le lit, ouvrent le coffre, soulèvent les tapisseries. Rien.

Personne ne pourrait se cacher dans la bibliothèque. Mais peut-être le fuyard a-t-il laissé ses livres ?

Non, il n'y a aucun intrus parmi ces volumes reliés.

Perplexes, les archers interpellent le soldat qui monte la garde à la porte de la chambre.

— Tu as vu passer quelqu'un ? Un jeune homme avec un baluchon ?

— Personne, assure le garde.

Avec courage, Cléo intervient.

— Vous voulez parler de l'homme qui est arrivé par la fenêtre ? Il cherchait une dame qu'il n'a pas trouvée. Alors il est reparti par le même chemin.

Elle montre la corde toujours accrochée au rebord par son grappin.

L'un des archers se penche au-dehors.

— Il n'a pas dû aller bien loin. Prenons des chevaux, et cherchons-le !

Chapitre 3

La colère de Sa Majesté

L'archer s'apprête à sortir quand l'un de ses camarades lui retient le bras.

— Hé ! Regarde un peu cette vieille qui dort… Tu ne trouves pas ça bizarre qu'elle ait les doigts pleins d'encre ?

D'un seul coup, il arrache la coiffe de la fausse dame et découvre ses joues couvertes de poils.

— C'est lui, Clément Cédille !

Devant les enfants catastrophés, le jeune homme est traîné hors de la pièce. Jeanne tremble comme une feuille.

— Pauvre M. Cédille… Il va finir ses jours en prison…

— Princesse, vous devez parler au Roi, lui dit Cléo.

— Vous avez raison,

soupire la petite princesse.

Délicatement, elle replace le manteau et la coiffe de la gouvernante, puis elle tapote son épaule.

— Madame de Lafayette, réveillez-vous ! Nous devons aller voir le Roi.

La dame met quelques minutes à reprendre ses esprits.

— Oui ?... Ah, bien, bien... J'ai failli m'endormir.

Tous ensemble, ils sortent de la chambre, descendent

un escalier de marbre, suivent une longue galerie extérieure, puis entrent dans un salon. Là, ils sont guidés d'une pièce à l'autre par les secrétaires du Roi.

Enfin, la gouvernante, les enfants et le chien entrent dans une pièce très vaste, chauffée par deux cheminées, meublée de tapisseries, et décorée de nombreux blasons.

Il y a un monde fou ici : des grands seigneurs, des belles dames, des serviteurs, des enfants, et même des chiens qui courent

partout, pour la grande joie de Grodof.

Pourtant, tout le monde écoute avec respect le même homme brun et barbu, vêtu d'un pourpoint brodé d'or, une sorte de veste serrée à la taille avec des manches bouffantes. Bien qu'il ne porte pas de couronne, il s'agit du roi François Ier.

Il ouvre ses bras.

— Viens donc me changer les idées, ma petite Jeanne !

Après avoir fait une révérence, la princesse grimpe

sur ses genoux. Il l'interroge :

— Tu t'es promenée en poney ce matin ?

— Non, Majesté. J'étais encore un peu malade et ma gouvernante n'a pas voulu que je sorte.

— Elle a bien raison. Êtes-vous contente de votre élève, madame de Lafayette ?

— Tout à fait, dit la gouvernante. Jeanne commence à lire le latin.

— Parfait. Je veux que tu deviennes une princesse cultivée, Jeanne. N'oublie pas que c'est pour ça que tu es séparée de tes parents.

Parce que je vais te marier à l'un des plus grands princes d'Europe, même si je n'ai pas encore décidé lequel.

La petite fille acquiesce avec gravité.

— Alors, qu'est-ce que tu me racontes de beau ? lui demande-t-il.

Elle prend son courage à deux mains.

— Je voudrais vous parler de M. Cédille, l'imprimeur de Tours qui m'apporte des livres de la part de Maman…

Soudain rouge de colère, François Ier se

redresse en la faisant glisser de ses genoux. Autour de lui, tous les courtisans se figent. Ils échangent des regards catastrophés.

— C'est intolérable ! gronde le Roi. Même ma nièce de six ans s'en mêle !

— C'est intolérable ! répètent les courtisans.

— Je suis sûre que M. Cédille est un honnête homme, poursuit Jeanne avec courage.

— Tais-toi donc ! Tu es trop petite pour comprendre ! De toute façon, les affaires de l'État ne regardent que les garçons ! Vous ne lui avez pas appris ça, madame de Lafayette ?

Chapitre 4

Brûlez tous les livres !

Toute blanche, la gouvernante s'incline plus bas que terre.

— Sire, pardonnez cette étourderie due à son âge... bredouille-t-elle.

Près de Cléo, un noble marmonne :

— C'est la faute de cette nouvelle technique : l'imprimerie. Avec ça, n'importe qui peut distribuer le même texte à une centaine de personnes !

— C'est bien vrai, l'approuve une belle dame. Autrefois, un moine aurait passé toute sa vie à recopier cent fois la même page.

— Les imprimeurs ne sont pas tous complices, proteste quelqu'un.

— Je ne comprends rien à ce qui

se passe ! murmure Cléo à l'oreille de Balthazar.

— Je viens de m'en souvenir, lui explique son meilleur ami. On en parle dans notre livre d'Histoire. Un matin, François Ier a trouvé une affiche couverte d'injures accrochée sur la porte de sa chambre, ici, au château d'Amboise ! Et la même affiche a été collée un peu partout en France !

— Des injures contre le Roi?

— Non, contre l'Église. Mais c'est presque aussi grave. Le Roi a besoin de l'Église pour qu'on accepte son pouvoir.

À cet instant, François Ier sort de la pièce en criant :

— Je pars à la chasse ! Qui m'aime me suive !

Tenue fermement par sa gouvernante, Jeanne quitte la pièce, des larmes plein les yeux. Balthazar serre les poings.

— Pauvre Jeanne ! Je ne vois plus qu'une solution : prouver au Roi que ce n'est pas Clément Cédille qui a imprimé cette affiche.

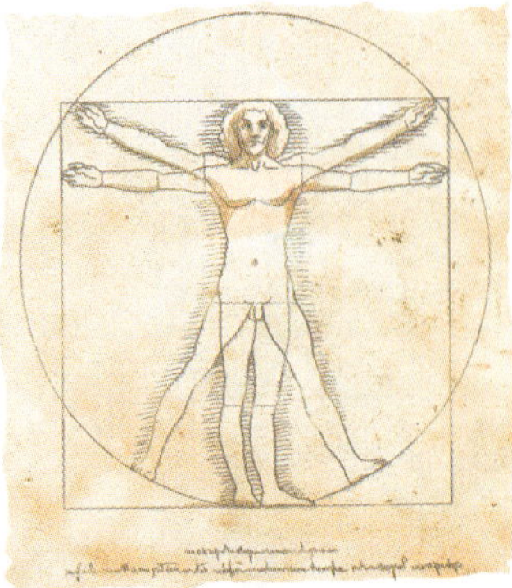

— Pas facile, s'écrie Cléo. Tu as une idée ?

— Attends. Il faut que je me rappelle tout ce que j'ai appris sur l'imprimerie à la Renaissance…

Soudain, ses yeux se mettent à briller !

Un peu plus tard, Balthazar et Cléo galopent le long de la Loire, sur les feuilles mortes. Leur monture est un cheval robuste et docile, celui de Jeanne. Grodof les suit en tirant la langue. Sur le fleuve large avec des bancs de sable se croisent de nombreux petits bateaux

plats avec une voile carrée.

— Tu as vu, Balthazar ? dit Cléo, amusée. Ils plient leur mât pour passer sous les ponts !

— Ils remontent le plus loin possible à l'intérieur du pays. À cette époque, les fleuves sont très importants pour voyager, ou pour transporter des marchandises. Ça va plus vite que la route et il y a moins de brigands.

Cléo a l'air ravie.

— Tu crois qu'on va rencontrer des brigands ?

— J'espère que non !

Après deux heures de chevauchée, les enfants et leur chien parviennent enfin à l'entrée de Tours. Tout essoufflé, Grodof penche la tête, l'air de dire : « Allez-y. Moi, je surveille le cheval. »

À pied, Cléo et Balthazar se dirigent vers une jeune femme qui remplit une cruche à une fontaine.

— Bonjour, madame, demande Cléo. Savez-vous où se trouve la rue des imprimeurs ?

Elle regarde les enfants avec inquiétude.

— Tout près d'ici, à côté de la cathédrale. Mais faites attention ! Dès que les archers vont partir, ce sera au tour des pillards d'envahir les imprimeries.

Les enfants la remercient. En fait, la rue des imprimeurs est celle où brûlent de grands feux. Les archers du Roi y jettent tous les ouvrages qu'ils trouvent.

— À bas les imprimeurs ! crient quelques personnes dans la rue. Au feu tous les livres !

Balthazar serre les poings.

— C'est horrible ! Tous ces

livres auraient pu amuser ou intéresser des milliers de gens !

Chapitre 5

La machine à imprimer

Cléo ouvre des yeux ronds.

— À cause d'une seule affiche, on brûle tous les livres ?

— Le Roi est très en colère et certains hommes d'Église

en profitent. Les imprimeurs ont publié des textes qui ne leur plaisent pas du tout. Parce qu'ils font réfléchir les gens. Tu sais, Cléo, c'est plus facile de commander à des personnes ignorantes.

— Heureusement qu'on a mis à l'abri les livres les plus précieux de Clément Cédille !

— Oui. Et d'autres gens ont fait comme nous, un peu partout en France...

Tout en discutant, ils ont découvert la

boutique de l'imprimeur, qui est dans un désordre épouvantable. Archers et pillards sont déjà passés par là.

Au milieu de la pièce, se trouve une machine en bois plus haute que large, avec une plaque de marbre et, au-dessus, un levier horizontal.

— La machine à imprimer ! s'exclame Balthazar. Pourvu qu'elle marche encore !

Les enfants la débarrassent des pages déchirées qui l'encombrent.

— Elle a l'air intacte, dit Balthazar, soulagé.

Les enfants s'assoient devant une grande boîte. Des petites lettres en plomb y sont rangées par ordre alphabétique.

— Regarde ces virgules, elles sont trop mignonnes ! s'extasie Cléo. Tiens, elles sont à l'envers...

— Bien sûr. Comme ça, le texte imprimé sera à l'endroit. Tu vas voir...

À l'aide d'une pince, Balthazar attrape un premier caractère et le place dans le coin d'un cadre en bois.

Il réfléchit tout haut.

— Qu'est-ce qu'on va écrire exactement ?... « Votre Majesté, voici un texte imprimé sur la machine de Clément Cédille. Remarquez-vous les caractères qu'il utilise ? Ce ne sont pas du tout les mêmes que ceux de l'affiche. Alors Clément Cédille ne peut pas avoir imprimé ce texte détestable. »

Balthazar se met à rire.

— Tu peux me féliciter,

Cléo ! Je me suis souvenu qu'à cette époque, chaque imprimeur fabriquait lui-même ses caractères, qui n'étaient donc jamais exactement les mêmes d'un imprimeur à l'autre.

— Tu es vraiment un génie, Balthazar !

Cléo est interrompue par les cris de la foule au-dehors.

— On ferait mieux de se dépêcher, ajoute-t-elle.

Le plus vite possible, les enfants placent les lettres de plomb dans le cadre. Peu à peu, le texte se compose, entièrement à l'envers.

Ensuite, ils installent le cadre sur la plaque de marbre. Avec un gros pinceau très doux, ils mettent de l'encre sur les caractères. Enfin, ils posent délicatement une feuille de papier par-dessus.

— Et voilà ! Il ne reste plus qu'à tirer sur le levier.

À deux, ils tirent d'un coup. La feuille est écrasée sur les caractères pleins d'encre. Puis elle est libérée, avec le texte imprimé à l'endroit. Les enfants échangent un regard émerveillé.

Pour imprimer d'autres

pages identiques, il suffit de placer une nouvelle feuille et de tirer à nouveau sur le levier. Les enfants se contentent de quatre exemplaires, qu'ils roulent et cachent sous leurs habits. Un seul pourrait suffire, mais ils risqueraient de le perdre en route.

Sortant avec prudence dans la rue, ils se faufilent jusqu'à la Loire toute proche où ils retrouvent Grodof et leur cheval. Mais entretemps, la nuit est tombée. À part quelques étoiles qui brillent entre les nuages, il n'y a aucun

éclairage. Et il fait très froid.

— Impossible de repartir tout de suite, dit Balthazar.

— Cherchons un abri, propose Cléo.

Chapitre 6

Un Roi presque parfait

Des rires et des cris proviennent d'une auberge un peu plus loin. Frigorifiés, les enfants contemplent avec envie la fumée qui s'échappe de la cheminée.

— Il doit faire meilleur à l'intérieur, murmure Cléo en fouillant ses poches. Regarde, j'ai des pièces de monnaie.

— Ce n'est pas très prudent… hésite Balthazar. Nous risquons d'intéresser les voleurs…

Grodof intervient en agitant ses oreilles, l'air de dire : « Aucun problème ! Je suis là. »

— Allons-y, décide Cléo.

Les enfants poussent la porte de l'auberge. En échange de quelques pistoles, la monnaie de l'époque, une servante

leur promet un lit et un dîner. Elle les place près du feu. Pendant ce temps, un valet installe leur cheval à l'écurie.

Serrés l'un contre l'autre sur un banc de bois, les enfants respirent le moins possible à cause des mauvaises odeurs. Ils n'apprécient pas non plus que tout le monde les regarde avec intérêt. Autour d'eux, les gens sont vêtus de tissus épais et souvent gris, avec parfois un col de fourrure. Ils sont les seuls

à porter des vêtements de satin et de soie !

Heureusement que Grodof est là, couché à leurs pieds. Et qu'il montre les dents dès que quelqu'un s'approche.

La servante pose devant eux deux bols de bouillon,

une miche de pain et une cruche d'eau.

— J'aime pas trop la soupe, murmure Balthazar. Mais au moins, c'est bien chaud.

Tout en mangeant, ils écoutent les conversations des gens. Ce sont surtout des marchands qui voyagent en bateau d'une ville à l'autre. Certains parlent des affiches injurieuses. D'autres évoquent des sujets moins sérieux.

— Tu sais ce qu'a dit notre Roi ? « Une cour sans femmes, c'est comme un jardin sans fleurs ! »

— Sauf qu'à la cour,

c'est le printemps toute l'année ! Il y a chaque jour de nouvelles fleurs !

La tablée rigole.

— Ah, ce François Ier ! Il sait faire la guerre, mais pas résister au charme des femmes !

— Allons... C'est un Roi presque parfait !

Quand leur dîner est fini, les enfants et leur chien sont conduits dans une chambre minuscule. Sur le sol, on a simplement posé un épais matelas d'herbes et une couverture de laine.

Grodof se couche devant la porte, l'air de dire : « Vous pouvez dormir tranquilles. »

Plusieurs fois, au cours de la nuit, des pas légers s'approchent de la chambre. Mais le chien dresse la tête et gronde, décourageant les voleurs. Les enfants dorment si profondément qu'ils ne se rendent compte de rien.

Chapitre 7

L'idée de Cléo

Le lendemain dans la matinée, Cléo, Balthazar et Grodof sont de retour à Amboise. Dans la chambre de Jeanne, ils retrouvent Mme de Lafayette, qui est encore en train de ronfler devant le feu. Et la petite princesse est de nouveau plongée dans un livre. Mais cette fois, ce ne sont pas les aventures de Pantagruel.

— Pour me punir de ma mauvaise conduite d'hier, explique-t-elle, je dois relire un manuel écrit pour les filles : *Les enseignements* d'Anne de Beaujeu.

— Et qu'est-ce que tu dois apprendre, par exemple ? demande Cléo.

— À parler le moins possible, à bouger le moins possible, et bien

sûr à ne jamais contredire personne.

— Oh, là, là! dit Cléo discrètement à Balthazar. À la Renaissance, j'aurais été la pire des mauvaises élèves!

Avec fierté, Balthazar montre à Jeanne la feuille qu'ils ont imprimée.

— Voici la preuve que l'affiche injurieuse n'a pas été imprimée sur la machine de Clément Cédille.

— Bravo ! Mais comment présenter cette preuve au Roi ? Il est tellement fâché qu'il va à la chasse tous les jours ! Et il ne veut discuter de rien d'autre !

— Zut de zut... grimace Balthazar.

Penchée à la fenêtre, Cléo pousse une exclamation. Au pied du château, voilà justement le Roi et les grands seigneurs qui se rassemblent à cheval, leur épée au côté, un arc sur le dos. Près d'eux, des valets tiennent en laisse des lévriers, pendant que d'autres s'avancent

avec un faucon sur leur poing.

Beau, élégant et sportif, François Ier a fière allure. Il est d'ailleurs entouré de dames toutes plus charmantes les unes que les autres, assises de biais sur leurs chevaux, portant de petits chapeaux à plumes.

— Qu'est-ce qu'elles ont à la main ? demande Cléo à Balthazar.

— Des masques de velours, qu'elles mettent en arrivant dans la forêt.

Sinon, les ronces et les branchages abîmeraient leur joli visage...

Brusquement toute joyeuse, Cléo prend Jeanne par le bras.

— Pendant que ces belles dames sont à la chasse, tu veux bien nous montrer leur garde-robe ?

Balthazar fronce les sourcils.

— Tu crois vraiment que c'est le moment?

— Tout à fait!

Balthazar ne comprend pas, mais il devine que sa meilleure amie a une idée derrière la tête. Il suit les deux filles dans la pièce voisine, où sont rangés quelques vêtements de la mère de Jeanne, la reine Marguerite de Navarre.

Les robes sont magnifiques, faites dans des tissus légers, doux et brillants.

— Quel dommage qu'elles soient trop grandes pour moi ! soupire Cléo. Jeanne, tu crois qu'elles iraient à ta gouvernante ?

— Je pense que oui. Maman et elle ont la même taille. Même si elle ronfle, Mme de Lafayette n'est pas si vieille que ça.

Cléo explique son idée à ses amis. Jeanne est prise d'un fou rire.

— Tel que je connais mon oncle, ça pourrait marcher !

De retour dans sa chambre, la jeune

princesse tapote l'épaule de sa gouvernante.

— Madame de Lafayette, vous avez failli vous endormir…

La dame sursaute.

— Quoi ? Euh… Ah, oui, en effet !

— Voulez-vous m'aider à sauver un honnête homme que Maman estime beaucoup ?

La gouvernante frémit.

— Je ne suis qu'une faible femme…

Jeanne lui tend la plus belle des robes de sa mère, en velours noir, avec des manches

bouffantes et un grand décolleté brodé de perles.

— Tout ce que je vous demande, c'est d'enfiler ça.

Mme de Lafayette écarquille les yeux. C'est une femme noble mais sans fortune, elle n'a jamais eu l'occasion de porter quelque chose d'aussi beau.

— Si c'est un ordre de Madame votre mère... Je ne peux que lui obéir.

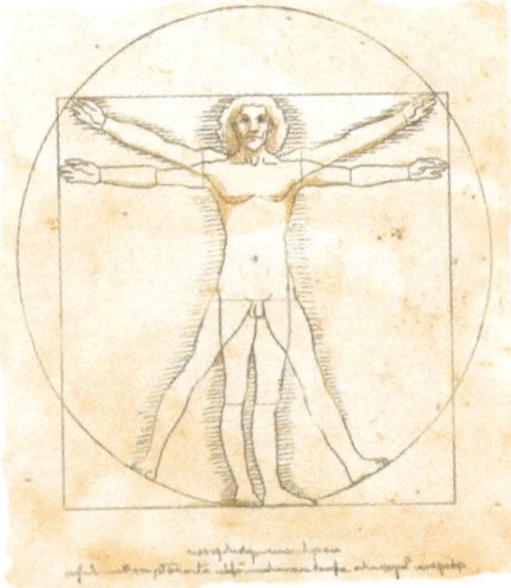

Chapitre 8

Sauvés !

Dans une clairière, entouré de quelques serviteurs, François Ier attend. Des seigneurs doivent rabattre un sanglier vers lui. Mais l'animal fait des détours, ce qui donne du fil à retordre à ses poursuivants. Le Roi n'a pas l'habitude de patienter et il déteste ça.

Il est donc ravi de voir apparaître une belle dame seule avec son chien, un grand animal à l'œil intelligent ! Comme elle monte bien à cheval ! Comme sa taille est fine dans cette superbe robe noire ! Et comme son visage est mystérieux sous son masque de velours...

Le Roi soulève son chapeau et incline la tête.

— Bonjour, belle dame. Je ne crois pas vous connaître.

— En effet, Sire, répond-elle sans plus d'explication.

— Vous installez-vous à la cour ? Aurais-je le plaisir de vous y voir souvent ?

— C'est mon souhait le plus cher. Mais pour cela, il faudrait que Votre Majesté lise ce document.

De son décolleté, elle sort une feuille de papier finement roulée. Étonné, le Roi lit à voix haute : « Votre

Majesté, voici un texte imprimé sur la machine de Clément Cédille. Remarquez-vous les caractères qu'il utilise ? Ce ne sont pas du tout les mêmes que ceux de l'affiche. Alors Clément Cédille ne peut pas avoir imprimé ce texte détestable. »

François Ier sent la moutarde lui monter au nez. Lui qui avait presque réussi à oublier cette horrible histoire !

Mais par respect pour cette belle dame, il fait l'effort de se contenir. Et puis, il doit reconnaître

qu'elle a raison. Ces caractères-là sont particulièrement clairs et lisibles. Il se souvient très bien que ce n'était pas le cas de ceux de l'affiche.

— Madame, ce n'est pas un sujet de conversation pour une beauté telle que vous. Mais puisque je veux vous plaire, je vais ordonner qu'on libère ce Clément Cédille. Ensuite, me ferez-vous l'honneur de vous promener avec moi ? Cette fois, nous ne parlerons que de ces jolis yeux que je devine derrière votre masque...

La dame incline la tête.

— Votre Majesté est un grand Roi.

Aussitôt, le fantôme apparaît dans la chambre de Jeanne, à côté de la princesse et de ses amis, qui guettent avec inquiétude le retour de la gouvernante et de Grodof.

— Chère Cléo, cher Balthazar, grâce à vous, l'imprimeur préféré de Maman n'a pas été condamné !

Tandis que le fantôme de Jeanne s'envole vers le Pays du Repos Souriant, tout se met à danser autour des enfants :

la vue sur la forêt, la petite princesse, le lit à baldaquin, les livres aux titres gravés d'or…

Et la salle des gardes réapparaît, avec Grodof au milieu qui remue la queue. « Quel naïf, ce François Ier… Il n'a même pas reconnu la gouvernante de sa nièce. Vraiment, il manque de flair ! »

Cléo se tourne vers Balthazar :

— Mais au fait, qui l'avait écrite, cette affiche ?

— Aujourd'hui, on pense que c'était un homme important de l'Église, qui ne supportait pas qu'on le contredise. Il espérait que le Roi allait le débarrasser de ses ennemis. Ça a marché sur le moment. Mais ensuite, l'imprimerie a été de nouveau autorisée. Cette invention était trop géniale !

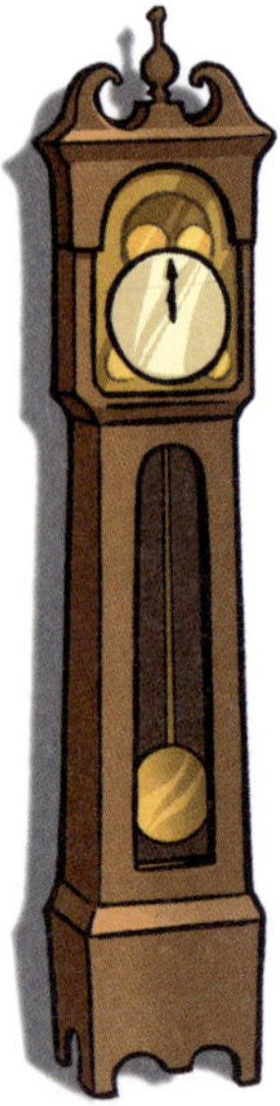

Quelque part dans le Château des Ombres, l'horloge invisible sonne... treize coups ! Les enfants bâillent à s'en décrocher la mâchoire. Il est vraiment temps d'aller se coucher.

FIN

Bientôt, Cléo, Balthazar et Grodof vivront une nouvelle aventure merveilleuse. Ils voleront au secours d'une jeune fille au Moyen Âge...

La momie du Pharaon

Le trésor de Barbe-Jaune

Le tournoi maudit

Le silex magique

Les as-tu tous lus ?
Sophie Marvaud
Ghost secret
La surprise du Roi-Soleil
5
La surprise du Roi-Soleil
Sophie Marvaud
Ghost secret
Les jumeaux de Pompéi
6
Les jumeaux de Pompéi
Sophie Marvaud
Ghost secret
Aux Jeux Olympiques
7
Aux Jeux Olympiques

Pour connaître la date de parution
du prochain tome, inscris-toi à
la newsletter du site :
www.bibliothequerose.com

Table

« Pour l'éditeur, le principe est d'utiliser des papiers composés de fibres naturelles, renouvelables, recyclables et fabriquées à partir de bois issus de forêts qui adoptent un système d'aménagement durable. En outre, l'éditeur attend de ses fournisseurs de papier qu'ils s'inscrivent dans une démarche de certification environnementale reconnue. »

Imprimé en France par Jean-Lamour - Groupe Qualibris
Dépôt légal : avril 2009
20.20.1794-5/01 – ISBN 978-2-01-201794-8
Loi n°49-956 du 16 juillet 1949
sur les publications destinées à la jeunesse